LA VÉRITÉ,

SUR LES ÉVÉNEMENTS

QUI ONT EU LIEU EN ESPAGNE

DEPUIS LA MALADIE DU ROI;

PAR UN LÉGITIMISTE ESPAGNOL,

A TOUS LES LÉGITIMISTES D'EUROPE.

PARIS,

CHEZ DENTU, LIBRAIRE, AU PALAIS-ROYAL.

1833.

LA VÉRITÉ,

SUR LES ÉVÉNEMENTS

QUI ONT EU LIEU EN ESPAGNE

DEPUIS LA MALADIE DU ROI.

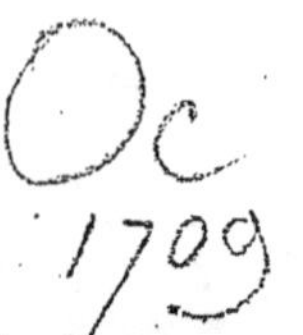

IMPRIMERIE DE BÉTHUNE,
RUE PALATINE, N° 5.

LA VÉRITÉ,

SUR LES ÉVÉNEMENTS

QUI ONT EU LIEU EN ESPAGNE

DEPUIS LA MALADIE DU ROI;

PAR UN LÉGITIMISTE ESPAGNOL,

A TOUS LES LÉGITIMISTES D'EUROPE.

PARIS.

CHEZ DENTU, LIBRAIRE, AU PALAIS-ROYAL.

—

1833.

Les mensonges que les journaux libéraux reproduisent tous les jours sur les causes et les effets de
la dernière révolution d'Espagne, me déterminent
à publier une relation exacte et détaillée de tous les
événements qui ont eu lieu depuis la maladie du
roi; événements dont les résultats ont été si funestes
pour le pays.

Je commencerai par assurer que tout ce qui s'est
passé à Saint-Ildephonse s'y est fait de bonne foi,
sans violence, sans conspiration, quoi qu'en aient
dit les écrivains appartenant à l'opinion révolutionnaire. Toutes les personnes qui en ont été
témoins, quelle que soit leur façon de voir, joindront ici leur témoignage au mien. On pourra donc
asseoir un jugement sur l'exposé des faits que je
vais tracer avec toute la simplicité possible ; leur
exactitude ne sera pas contestée.

La maladie du roi ayant pris tout à coup un caractère de gravité alarmant, et les médecins ayant
déclaré qu'ils avaient perdu tout espoir de le conserver, la reine, éclairée par ses propres partisans

sur la véritable situation de l'Espagne, fut la première à conseiller au roi de faire proposer un arrangement à l'infant don Carlos. Ce fut le comte d'Alcudia qui fut chargé de cette négociation. Il se présenta le 17 septembre, à deux heures après midi, chez l'infant, et lui annonça que Sa Majesté, voyant que ses souffrances ne lui permettaient plus de diriger les affaires de son royaume, avait résolu de nommer la reine régente et Son Altesse Royale son *Conseiller*. L'infant lui répondit qu'il ne se déciderait jamais à participer aux affaires de l'État, pendant que son frère vivrait, et qu'il espérait que Sa Majesté daignerait agréer ses excuses.

Le comte d'Alcudia étant allé porter cette réponse au roi, revint chez l'infant une demi-heure après, pour lui proposer, de la part de son frère, de faire partie de la régence, conjointement avec la reine-mère, jusqu'à la majorité de l'infante Isabel, qui devait être proclamée reine d'Espagne après sa mort. Son Altesse Royale répondit qu'elle ne pourrait souscrire à une telle condition sans abandonner ses droits et ceux de ses enfants à la couronne d'Espagne. Le comte d'Alcudia lui représentant alors que son refus allait exposer le pays à une guerre civile dont les résultats ne pouvaient se calculer, « c'est précisément pour l'éviter, reprit le prince, » que je suis résolu à défendre mes droits, ceux de » mes enfants, et à faire un appel à la nation, qui » s'empressera d'y répondre, parce qu'elle est con-

» vaincue, comme moi, que rien ne saurait auto-
» riser mon frère à détruire une loi fondamentale
» de l'Etat, qu'il avait juré d'observer, à son avène-
» ment au trône. Tout le corps diplomatique partage
» cette conviction. Dans le cas où Dieu appellerait
» à lui mon frère, si vous tentez de défendre les pré-
» tentions de ma nièce, je soutiendrai mes droits ;
» la lutte ne saurait être douteuse. »

Le comte d'Alcudia, voyant que le prince était inébranlable, alla en faire part au roi. Celui-ci, craignant de rendre un compte rigoureux du sang qui pourrait être versé après sa mort, se décida enfin à rétablir la loi salique, et à annuler son testament, dans lequel il avait nommé la reine régente, et l'infant don Francisco de Paula co-régent. Le décret fut signé en présence de la reine, de tous les minis-tres, du président par *interim* (1), et des deux plus anciens membres du conseil de Castille (2), qui signèrent après le roi, et la minute de la pièce resta entre les mains de M. de Calomarde, ainsi qu'un certificat souscrit par tous les médecins, constatant que Sa Majesté avait toute sa raison au moment de la signature.

Cette grande résolution, qui prévenait tous les troubles, et maintenait l'ordre de successibilité tel

---

(1) Puig.
(2) Gil et Marin.

qu'il avait été institué dès l'origine ; cette grande résolution, dis-je, reçut l'approbation de tout le corps diplomatique ; le comte de Rayneval lui-même s'en montra un chaud défenseur.

Je dirai maintenant comment cet acte important put être dérobé à la publicité, comment il put être annulé avant d'être connu. Ce fut l'effet de la félonie du président du conseil de Castille, qui, au lieu de faire enregistrer la pièce, comme son devoir l'y obligeait, la garda à part lui et la livra à la reine aussitôt que le roi se trouva mieux. La place de gouverneur du conseil de Castille, dont il n'était que le président par *interim*, fut plus tard la récompense de sa complaisance coupable.

La reine était déjà résignée et ne s'occupait plus que de ses intérêts personnels ; craignant que ses mauvais procédés envers l'infante, épouse de don Carlos, n'influassent sur son sort futur, elle lui avait même fait demander si, lorsqu'elle serait reine, elle les oublierait. Cette princesse répondit avec dignité qu'elle se garderait bien d'imiter ce qui paraissait actuellement à la reine digne de blâme, et que puisque celle-ci reconnaissait avoir eu des torts, ils étaient déjà oubliés.

L'arrivée de l'infante dona Luisa Carlota, de Séville à Saint-Ildephonse, changea en un instant la face des choses ; elle reprocha à sa sœur d'avoir abandonné les intérêts de ses enfants, fit une scène violente aux ministres : on assure même qu'emportée par sa vivacité ordinaire , elle s'oublia jusqu'à frapper M. de Calomarde au visage. Elle fit lire ensuite au roi tout ce que les journaux royalistes de France avaient dit de lui, lors de la nouvelle de sa mort, et l'obséda avec tant de persévérance, qu'il consentit enfin à revenir sur ce qu'il avait fait. Tout le ministère fut alors congédié ; M. de Calomarde fut exilé à sa terre. Ce ne fut que trois semaines après son départ que l'ordre de le conduire dans une forteresse fut transmis au capitaine-général de Valladolid ; mais prévenu à temps il se retira en France avec la minute du décret et le certificat des médecins. C'est son refus de livrer ces pièces importantes qui fit prendre des mesures de rigueur contre lui.

Le comte d'Alcudia fut nommé ambassadeur en Angleterre ; mais il refusa ce poste et se retira en Italie. Les trois autres membres du cabinet furent beaucoup plus favorablement traités ; ils restèrent au conseil d'État, avec leurs appointements de ministres. Ces égards étaient naturels, puisqu'ils appartenaient à la faction qui arrivait au pouvoir. Le ministère de la justice fut confié à M. Cafranga(1), membre du

---

(1) On se souvient encore dans les chancelleries d'une anecdote qui, lors de cette mission, égaya beaucoup la cour de Vienne aux dépens de M. Cafranga. A son arrivée dans cette ville, il alla mettre chez le prince de Metternich sa carte, sur laquelle il avait

conseil de Castille et de la chambre du roi, emploi qu'il devait à la mission qu'il avait remplie, en qualité de secrétaire du marquis de Ceralbo, envoyé par le roi en 1819 auprès des cours étrangères, afin de négocier pour lui un nouveau mariage.

M. Cafranga fut chargé avec l'ex-ministre Balesteros et Griyalba, favori du roi, de recomposer un nouveau ministère. Ses collègues furent *Zea Bermudez*, *Monet*, *Uloa* par interim, jusqu'à l'arrivée de l'amiral *Laborde*, et *Encima y Piedra*. Un courrier fut expédié à M. *Zea*, pour le presser de se rendre à son poste; mais celui-ci qui voulait voir la marche qu'adopterait la nouvelle administration et éviter l'odieux des nombreuses destitutions qui devaient avoir lieu, prétexta une attaque de goutte pour différer son départ. Cette détermination fit grand plaisir aux ministres *Uloa* et *Encima y Piedra* et au parti constitutionnel dont ils étaient l'âme; ils se servirent du temps qu'on leur laissait pour s'emparer de l'esprit de la reine et le dirigent dans des voies révolutionnaires. Ils éprouvèrent, il est vrai, quelques résistances dans le conseil, de la part de leurs autres collègues, mais ils furent

---

ajouté à son nom *chef de bourreau* (au lieu de bureau) *du ministère des grâces en justice*. Cette maladresse amusa beaucoup le prince de Metternich, qui annonça à plusieurs membres du corps diplomatique qu'il avait été honoré de la visite du bourreau d'Espagne.

vivement secondés d'abord par le nouveau surintendant de police *San-Martin*, qui déjà avait rempli
cet office dans le temps de la constitution, et par le
conseil aulique de la reine.

Ce conseil, dont l'influence a été grande dans
toute cette affaire, se composait des ducs de *San-
Fernando*, *San-Lorenzo*, marquis de *Ceralbo*, comte
de *Poniarostro*, grands d'Espagne, et de l'avocat
Cambronero.

Ces personnages avaient joué un rôle plus ou
moins actif pendant la constitution; cependant, à
l'exception de Cambronero, qui est regardé comme
le meilleur avocat de Madrid, tous sont au-dessous
de la médiocrité.

Le duc de San-Fernando avait fait ses preuves
d'incapacité pendant son ministère de 1820. Il n'en
nourrit pas moins l'idée et l'espérance de jouer en
Espagne le rôle du duc d'Orléans; comme il a
épousé la sœur du cardinal de Bourbon et de la
princesse de la Paix, il se regarde comme membre
de la famille royale, et le métier d'usurpateur de
bonne maison lui semble à sa convenance, sinon
à sa *taille*. Le marquis de Ceralbo n'est connu que
par la mission dont j'ai parlé plus haut; et quant à
l'habileté qu'il y a déployée, j'en donnerai ici une
idée. On rapporte qu'étant allé à la cour de Sar-
daigne et qu'ayant lu dans un vieil almanach que le
roi avait une fille, il lui en fit, sans plus ample in-
formé, la demande pour son souverain; ce à quoi

le roi répondit, qu'il était très-flatté de l'honneur que lui faisait Sa Majesté Catholique, et que s'il avait connu ses intentions quatre ans plutôt, il n'aurait pas disposé de sa fille. Quant au duc de San-Lorenzo et au comte de Poniarostro, ce sont des gens criblés de dettes et ne jouissant d'aucune considération.

Ce sont ces hommes qui ont porté la reine à tous les actes imprudents et dangereux qui ont signalé le temps de sa régence. Un autre individu a joué aussi un rôle important ; son nom est *Ronchi*; sa vie est un roman. Ex-médecin empirique à Tanger, le Dey voulut le faire empaler pour avoir cassé une dent à sa principale favorite. Il épousa la veuve du consul d'Espagne et vint avec elle à Madrid où il fit long-temps le métier de brocanteur avec une assez mauvaise renommée. Sa profession lui donna l'occasion de se glisser à la cour, quelque temps après l'arrivée de la reine actuelle, dont il réussit à gagner les bonnes grâces, et c'est sur sa recommandation que M. Salmon le nomma consul honoraire. La division ayant éclaté entre les princesses de Naples et de Portugal, il fut chargé par la reine de surveiller toutes les actions de ses rivales, et lors du mariage de l'infant don Sébastien avec une princesse de Naples, il porta à la jeune fiancée les présents de noces, dont il avait fait lui-même l'achat. S'il faut en croire les bruits qui coururent dans cette circonstance, il n'oublia pas son ancienne profession. *Ronchi* eut l'honneur d'accompagner la princesse jusqu'à Madrid, et son crédit auprès de la reine ne fit qu'augmenter depuis cette époque. Il est même parvenu à supplanter dans sa confiance le baron *Antonini*, chargé des affaires de Naples, qui, avant la révolution de Saint-Ildephonse, dirigeait toutes ses actions. La reine l'a nommé, pendant sa régence, conseiller honoraire des finances, un des emplois les plus importants de l'Espagne. Il partage sa confiance avec une jeune ouvrière modiste, nommée *Teresita*, espèce d'aventurière abandonnée par son mari, à cause de sa mauvaise conduite. Teresita était parvenue à un si haut degré de faveur, que son amitié était recherchée même par les ministres qu'elle introduisait auprès de la souveraine, fonction que remplissait ordinairement un grand d'Espagne, en qualité de gentilhomme de service. Ce n'est point ma faute si l'histoire ressemble quelquefois au libelle, il faut bien la suivre partout où elle va.

Je ne suis entré dans tous ces détails sur le compte de ces deux personnes que parce qu'elles ont joué un rôle bien au-dessus de leur condition, pendant la régence, pénétrant à toutes les heures chez la reine et étant chargées de toutes ses missions secrètes.

C'est par l'influence de ces différents personnages que la reine, pour contrebalancer le parti royaliste, qui est éminemment carliste, s'est jetée dans les bras des constitutionnels dont le nombre diminuait tous les jours, depuis qu'ils voyaient le résultat de la révolution de France. De là le remplacement de tous les capitaines-généraux et de tous les gouverneurs de ville, par des généraux constitutionnels; la réouverture des universités, l'appel au conseil de Castille et aux premiers emplois, d'un grand nombre de libéraux; de là enfin l'ordonnance d'amnistie. C'est à la même influence qu'il faut attribuer le remplacement de l'amiral *Laborde* au ministère de la marine par *Uloa* qui n'en avait que l'interim.

Malgré toutes ces concessions, les libéraux n'étaient pas contents de la reine. Ils l'accusaient d'être trop timide; ils voulaient à tout prix une constitution, bien décidés, s'ils parvenaient à l'arracher, à sacrifier leur idole lorsqu'ils n'en auraient plus besoin, car cette sorte de gens ne se pique pas de reconnaissance; les princes qui les servent ont toujours malheureusement fini, parce que, à force de concessions, ils arrivent à un point où ils ne peuvent plus céder sans se perdre et où ils ne peuvent plus résister sans être brisés. Mais les ministres *Cafranga* et *Monet*, hommes modérés, effrayés de la marche du gouvernement, s'opposaient à de nouvelles faiblesses et avaient offert leur démission que la reine se vit forcée de refuser, dans la crainte d'être désapprouvée par le roi, dont la santé s'améliorait sensiblement. Les constitutionnels désespérés de retrouver de la résistance dans le conseil des ministres, s'occupèrent alors de s'organiser en sociétés secrètes, et firent établir dans la capitale et dans les provinces un grand nombre de loges maçonniques, auxquelles ils donnèrent le nom de *christines*. Deux jeunes grands d'Espagne, hommes sans talents, mais pleins de présomption, furent chargés d'organiser celle de Madrid. Ils ne purent recruter que trente gardes du corps sur cinq cents, et cinq officiers de la garde sur six régiments, malgré les menaces qu'ils employèrent au nom de la reine. Un jeune exempt des gardes du corps, fils du marquis *d'Albudete*, capitaine de ce corps et grand d'Espagne, pressé de choisir entre la loge christine ou un château-fort, répondit noblement qu'il préférait la prison au déshonneur. Les *cristinos*, voyant qu'ils ne pouvaient faire un plus grand nombre de prosélytes dans les gardes du corps et dans la garde royale, résolurent d'obtenir le licenciement de ces deux corps : les deux ministres leurs amis, se chargèrent d'en faire la proposition au conseil ; mais vivement combattue par leurs collègues qui offrirent de nouveau leur démission, elle fut rejetée.

Cet échec ne découragea point les ennemis de la royauté ; ils changèrent seulement de batteries, et eurent recours à des menées secrètes pour arracher de force ce qu'ils ne pouvaient obtenir de bonne volonté. Ils inventèrent un complot contre les jours de la reine et des infantes ses filles, dans lequel ils mirent presque tous les gardes du corps et les officiers de la garde ; ce prétendu complot devait éclater dans la nuit du 8 novembre. Les cinq officiers, membres de leurs loges, furent chargés d'en informer la reine. Celle-ci effrayée, donna ordre à une division de troupes de ligne qui, depuis la maladie du roi, était cantonnée dans les environs de Madrid, sous le commandement du général *Pastor* (grand favori de dona Luisa Carlota), d'entrer dans la ville, et assembla au palais le conseil des ministres qui y resta en permanence jusqu'au lendemain; tous les corps de la garnison furent consignés dans leurs quartiers; les cristinos armés se réunirent chez le surintendant de police et sortirent à minuit organisés par sections, parcourant Madrid et cherchant à exciter du désordre, mais personne ne répondit à leurs provocations. Une patrouille de vingt hommes, dont ils avaient essayé de surprendre le mot d'ordre, suffit pour les disperser.

Un déploiement de forces si extraordinaire, dans un moment où la capitale jouissait de la plus parfaite tranquillité, fit croire aux volontaires royalistes qu'on voulait les désarmer; tous accoururent à leurs quartiers bien résolus de se défendre. Sur 4,000 hommes, pas un ne manqua à l'appel; ils établirent des postes avancés dans les environs de leurs quartiers pour repousser l'ennemi, s'il se présentait. Cette dénonciation, qui compromettait l'honneur de la garde et qui faillit allumer la guerre civile dans Madrid, décida les chefs de ce corps à en faire arrêter les auteurs; mais ayant été mis en liberté par ordre de la reine, sur la recommandation d'*Uloa*, ils furent obligés de se battre en duel avec plusieurs de leurs camarades; il furent tous blessés, aucun grièvement; les vainqueurs et les vaincus furent consignés dans leurs quartiers, mais les cristinos ne tardèrent pas à recouvrer leur liberté, tandis que leurs adversaires furent renvoyés de la garde et exilés à vingt lieues de Madrid.

Bientôt après arriva M. Zea Bermudez, impatiemment attendu par ses deux collègues modérés. Il s'occupa sur-le-champ de la rédaction de ce fameux manifeste qui fut lu dans un conseil présidé par la reine, et approuvé sans opposition. Il parut le même jour dans la gazette officielle, fut expédié par des courriers extraordinaires dans toutes les provinces et envoyé aux différentes cours étrangères. Ce début atterra les libéraux et fit concevoir aux royalistes les plus flatteuses espérances; ils crurent que les opinions de M. Zea avaient changé et qu'il se servirait de son empire sur l'esprit du roi, pour lui faire comprendre que l'unique moyen de conserver la tranquillité en Espagne et de satisfaire son peuple, était de publier le décret qu'il avait signé sur son lit de mort, mais ils comprirent bientôt qu'ils s'étaient trompés lorsqu'ils virent publier dans la gazette officielle, la suppression de l'inspection générale des volontaires royalistes, dont le décret avait été minuté de sa propre main; suppression qui équivalait à une désorganisation complète.

M. *Zea* ne tarda pas à remplacer le ministre *Monet* par son ancien collègue de 1824, le général *de la Cruz*, et *Cafranga* par le conseiller de Castille, *Fernandez del Pino*, favori de la reine et de sa sœur, homme médiocre, mais courtisan consommé et prêt à tout sacrifier à son ambition. Il fit offrir au comte *d'Ofalia* le ministère de l'intérieur, qu'il accepta après avoir tenté en vain d'avoir celui des affaires étrangères. C'est aussi à M. Zea qu'on doit attribuer le remplacement des commandants en chef de la garde, par ses deux créatures, les généraux *Quesada* et *Freire*, libéraux modérés; il laissa le soin des autres épurations à son collègue de la guerre qui, à peine arrivé, mit en non-activité presque tous les généraux, colonels, officiers supérieurs et environ cent cinquante officiers inférieurs de la garde. On doit dire à la louange du brave général *Freire* qu'il s'opposa à ces changements, qu'il offrit même sa démission ; mais il fut obligé de se soumettre. Quatre cents gardes du corps furent aussi renvoyés dans leurs foyers à la demande de *Teresita* qui s'était plainte à la reine du peu de respect qu'ils avaient pour elle. Un seul escadron composé de *Cristinos* resta pour faire le service. Deux nouveaux régiments de cavalerie et d'infanterie furent aussi créés sous le nom de la jeune infante *Isabel*. On les composa d'un grand nombre d'officiers constitutionnels.

Le travail des épurations achevé, M. Zea Bermudez s'occupa de faire rétracter au roi, d'une manière solennelle, tout ce qu'il avait signé à Saint-Ildephonse. On vit alors le triste spectacle d'un souverain déclarant en présence de toute sa cour, qu'il a été indignement trompé par tous ceux qui l'entouraient à son lit de mort. Cette démarche, attentatoire à la dignité royale, excita le mépris de tous les partis. Les libéraux disaient hautement que c'était la cinquième représentation de ce genre qu'on leur donnait. D'ailleurs cette assemblée avait perdu toute sa solennité, toute sa sanction, par l'absence significative des princes du sang et du corps diplomatique qui refusèrent d'y assister.

Vint ensuite la publication de la prétendue décision des cortès de 1789, relative à l'abrogation de la loi salique, décision qui était restée dans les cartons des archives. Une copie en fut envoyée à toutes les autorités civiles et militaires, afin qu'elle fût lue au peuple et à toutes les troupes. Cette précaution prouve jusqu'à quel point on redoute l'opinion publique, dont les sympathies ne sont point équivoques.

Le parti libéral voyant qu'en dépit de toutes ces mesures il ne faisait aucun progrès, et qu'il ne réussi-

rait jamais tant que la famille royale serait entou-
rée de ces serviteurs dévoués qui avaient exposé
leurs vies pour soutenir ses droits pendant la guerre
de l'indépendance et dans le temps de la constitution,
le parti libéral inventa de nouvelles conspirations
pour obtenir leur éloignement. Le surintendant de
la police, ce grand propagateur des loges christines, qui avait à ses gages un essaim d'hommes ta-
rés, remit à la reine le plan d'une vaste conjuration,
dont les ramifications s'étendaient jusqu'aux provinces les plus éloignées, et qui n'allait à rien moins
qu'à se défaire d'elle, des infantes, de tous les ministres, et à proclamer don Carlos roi, après avoir
déclaré Ferdinand incapable de régner.

Ce prétendu complot, qui n'avait jamais existé
que dans les bureaux de la police, produisit sur
l'esprit affaibli du roi, l'effet qu'on en espérait. Il
autorisa les mesures de rigueur dont on usa contre
ses serviteurs les plus dévoués. Un grand nombre
d'entre eux fut ou exilé ou jeté dans les prisons. On
ne respecta pas même les appartements de l'infant
don Carlos. Le comte de *Negri*, gentilhomme de
son altesse royale, fut arrêté pendant qu'il jouait
aux cartes avec elle. Et cependant tout le crime des
accusés, était leur attachement au prince, dont ils
connaissaient trop les principes sévères de loyauté
et de justice, pour oser conspirer en sa faveur tant
que vivrait son frère. Les mouvements qui avaient
eu lieu dans les provinces, avaient été excités par

les persécutions exercées contre les royalistes. Celui de *Léon* avait eu pour motif l'arrestation du vénérable évêque de cette ville. Son attachement à l'infant don Carlos, ses qualités supérieures et sa grande influence sur le clergé et les royalistes, l'avaient rendu suspect à la faction révolutionnaire, qui, quelques jours après la catastrophe politique de Saint-Ildephonse, avait exigé son renvoi du conseil d'État, dont il était le membre le plus éclairé.

Les révolutionnaires, enhardis par les concessions qu'ils avaient obtenues, devinrent de plus en plus exigeants; ils osèrent faire demander au roi par la reine l'exil de dona Maria Teresa, princesse vraiment accomplie et qui était le plus bel ornement de la cour. Ses excellents principes politiques, sa fermeté de caractère et son union intime avec sa digne sœur dona Maria Francisca, épouse de don Carlos, l'avait rendue depuis long-temps l'objet de la haine de la faction libérale. Lors du mariage de son fils, elle fit publier dans les journaux les calomnies les plus dégoûtantes et les plus opposées à la douceur de son caractère. Cette princesse était adorée de toutes les personnes qui l'entouraient; elles lui ont donné une preuve bien grande de leur attachement en préférant s'exiler plutôt que de se séparer d'elle: le roi refusa d'abord; mais vivement sollicité par la reine, il finit par céder; l'infant don Carlos et l'infante son épouse ne purent se décider à se séparer d'une sœur chérie, avec laquelle ils vivaient depuis onze ans dans la plus étroite union; ils demandèrent à l'accompagner. Le roi fit droit à leur demande; mais au moment de se séparer d'un frère qui lui avait donné tant de preuves d'affection, son cœur a dû saigner, car il sait que s'il avait été ambitieux, il y a long-temps qu'il régnerait à sa place; aussi gémit-il dans le fond de l'âme des persécutions qu'on exerce contre lui et qu'il n'a pas la force d'empêcher: tout ce que Madrid renferme d'honorable et de distingué, tout le corps diplomatique s'empressèrent d'aller témoigner à la princesse de la Beira leurs regrets de son départ et à l'infant leur désir de le revoir revenir bientôt au milieu d'eux. Le ministre des États-Unis, qui a pour ce prince une profonde vénération, lui exprima ses regrets avec une émotion visible. Ce royal cortège, composé de huit personnes en comptant l'infant don Sébastien, fils de la princesse de la Beira et l'infante son épouse, et les trois fils de don Carlos, jeunes princes parfaitement élevés et donnant de grandes espérances, s'est mis en route le 16 mars pour le Portugal, et il a été accueilli sur toute la route avec beaucoup d'enthousiasme, malgré les ordres donnés par le gouvernement de ne leur rendre aucun honneur, prétextant un motif qui n'avait pas paru si puissant quelques mois auparavant, lors du voyage de l'infant don Francisco et de son épouse; on avait défendu, sous peine de prison, aux volontaires royalistes, de paraître en uniforme, et au clergé de sonner les cloches! On savait que le peuple se proposait de dédommager ces bons princes des persécutions dont ils sont l'objet. Plusieurs officiers qui allèrent baiser la main du prince furent incarcérés et privés de leur solde; on avait échelonné sur toute la route jusqu'à Badajoz, des troupes commandées par des officiers dévoués à la reine, avec ordre de tirer sur le peuple au cas de rassemblement. L'arrivée de ces princes en Portugal excita les plus vifs transports d'allégresse; le bon peuple portugais était ivre de joie de revoir deux si dignes sœurs de leur roi, qu'il n'avait pas vues depuis si long-temps; l'infante, épouse de don Carlos, ayant quitté le Portugal en 1807, et la princesse sa sœur en 1822. Les Portugais n'avaient pas perdu le souvenir des grandes obligations que leur pays doit à ces princesses, qui ont maintenu pendant plusieurs mois l'armée du marquis de Chaves, et lui ont facilité les moyens de rentrer dans sa patrie; aussi leur voyage, depuis Elvas jusqu'à Lisbonne, ne fut qu'une suite non interrompue de fêtes dont les cœurs avaient fait tous les frais.

Quelques jours après le départ de ces princes, des armes furent délivrées par ordre de la reine et à l'insu de son royal époux, aux *cristinos*, qui n'attendaient que le moment favorable pour proclamer la constitution.

Ils firent venir à Madrid plusieurs anciens chefs

de guérillas constitutionnels, hommes déterminés, et le fameux chef de voleurs *Jose Maria*, et les deux frères *Bodega*, dont ils ne rougirent pas de demander l'appui. Le 19 mars, ils firent une tentative qui n'échoua que par l'énergie du brave général *Freire*, qui, comme capitaine-général de Madrid, avait toutes les troupes de la province sous son commandement; leurs agents mirent le feu au magnifique palais du duc d'Albe, qui se trouve à une des extrémités de la ville, afin de faire une diversion; mais contre leur attente, l'incendie ne se déclara que lorsque leur mouvement était déjà réprimé.

M. Zea, se voyant débordé de tous côtés, alla d'accord avec ses deux collègues, de l'intérieur et de la guerre, faire part au roi de ces derniers attentats contre son autorité royale, accusant les autres ministres de complicité; il demanda leur remplacement, l'exil du surintendant de police, ainsi que celui de tous les meneurs. Le roi, effrayé, s'empressa de faire droit à sa demande. C'est alors que M. Zea, débarrassé de tous ses ennemis, appela au conseil des hommes dont les noms étaient inconnus et auraient dû ne pas cesser de l'être. M. Zea voulait régner seul; il cherchait des commis qui occupassent au conseil des places sans les remplir; les nouvelles nominations allaient merveilleusement à ce but.

Il travailla ensuite à se réconcilier avec la reine, qui, vivement peinée de l'exil de tous ses amis,

gardait ses appartements et refusait de le recevoir.
Il craignait avec raison qu'elle ne reprît son empire sur l'esprit du roi. C'est dans la vue de lui être
agréable qu'il a convoqué les cortès pour le 20
juin, afin de jurer obéissance à l'infante dona
Maria Luisa Isabel sa fille. Toutes les autorités
indépendantes ayant été remplacées par les créatures de la reine, il lui sera facile d'avoir des cortès
complaisantes. Mais on est convaincu que le plus
grand nombre des évêques refuseront un serment
contraire à leur conscience. Déjà même une des
voix les plus vénérables et les plus puissantes du
clergé a parlé ; le pieux archevêque de Tolède a fait
connaître sa ferme résolution de ne pas répondre à
l'appel qui lui a été fait ; c'est entre les mains de
ce cardinal, comme primat de l'église d'Espagne, que les rois, les princes, les grands, les ar-
chevêques, les titres de Castille, les autres députés,
sont obligés de prêter serment. Si cet archevêque
persiste dans son refus, ce sera la première fois
qu'on aura vu en Espagne une autre personne pré-
sider cette cérémonie. Son noble exemple a déjà
été imité par un grand nombre de ses confrères.

Personne ne doute que l'infant don Carlos ne pro-
teste contre cette assemblée illégale, et qu'il ne re-
fuse le serment exigé. La confiscation de ses biens
sera peut-être la conséquence de ce refus, mais aucune considération ne pourra l'ébranler. Il restera
fidèle à l'honneur et au peuple espagnol qui a mis

en lui tout son espoir, toute sa confiance, qui ne veut pas être gouverné par une femme, et surtout par une princesse étrangère qui, pendant sa régence, s'est montrée si peu à la hauteur de sa position, qui n'a pas su ou qui n'a pas voulu s'identifier avec sa nouvelle patrie, se faisant un plaisir de mépriser ses habitudes, de déroger à ses usages et de choquer ses sympathies.

Ce peuple qui arrive toujours à ses fins, parce qu'il sait vouloir et attendre, souffrira avec patience les nouvelles injustices, les nouveaux outrages qu'on va faire à l'objet de ses affections. Mais ce n'est point impunément qu'on jettera le germe d'un mécontentement profond dans les masses. De tous les peuples du monde, le peuple espagnol est celui qui sait le moins oublier, et quand le jour de compter viendra, ceux qui n'ont pas craint de blesser les sentiments nationaux de cette contrée fière et jalouse, comprendront qu'en Espagne il faut calculer la violence d'une explosion populaire d'après la durée de la patience.

En vain M. Zea Bermudez veut lutter contre l'opinion publique en créant une opinion mixte, une opinion *metis* qui ne saurait jamais prendre racine sur le sol espagnol. Il ne pourra se soutenir, parce qu'il n'a pas pour appui le parti national. Il a beau tonner, dans son fameux manifeste, contre les innovations dangereuses, et promettre de conserver intactes les lois fondamentales du royaume ; il lui sera impossible de tenir sa promesse. D'ailleurs, comment a-t-il pu prendre un tel engagement quand il y a déjà manqué; dans le moment même où il travaille à la destruction d'une loi à laquelle le peuple attache son bonheur et sa prospérité. On voit bien qu'il est aveuglé par la haine qu'il porte à l'un des princes les plus vertueux de l'Europe: cette haine ne date pas d'aujourd'hui; en 1824, il a déjà prouvé jusqu'où elle pouvait aller. Le peuple voulait en faire justice, et il en aurait été la victime ainsi que le général Crux, sans la générosité de ceux qu'il avait persécutés. Il fut trop heureux d'aller se faire oublier en qualité de ministre à une petite cour d'Allemagne.

Les persécutions qu'il exerce maintenant contre tout ce qu'il y a de plus honorable en Espagne, prouvent que le temps ne l'a pas changé; peut-être dira-t-il qu'elles lui sont imposées. Il devrait alors se retirer et ne pas sanctionner le malheur de son pays par sa présence. Nous aurions alors un ministère *constitutionnel* dont la durée serait très-courte, car la lutte ne serait pas douteuse. Elle sera plus longue et plus sanglante si son ministère dure longtemps; mais ses efforts pour se soutenir seront impuissants; il tombera aussitôt que ses partisans, que l'ambition a détachés du parti constitutionnel, verront qu'ils peuvent se passer de lui.

Tel est le tableau exact de la situation de l'Espagne depuis la secousse inattendue qui est partie du lit de mort de Saint-Ildephonse. La monarchie était si heureuse, si tranquille avant cette époque, qu'on pouvait espérer qu'elle allait se reposer des maux qui l'ont accablée pendant près de quinze ans. Mais une intrigue domestique dans laquelle l'État a été sacrifié à la famille, voilà ce qui a rendu vain notre espoir en replongeant l'Espagne dans de nouveaux troubles dont on ne peut pas calculer le terme. Une plume plus exercée que la mienne aurait pu rendre ce tableau plus frappant, mais non plus véridique. Mon but sera atteint si j'ai pu fixer les royalistes de tous les pays sur la nature de ces événements que la presse révolutionnaire a tant dénaturés, qu'il était presque impossible de discerner la vérité du mensonge. La question est entre le droit politique du pays, entre la loi salique qu'on essaie de changer d'un côté des Pyrénées comme de l'autre, et un intérêt de famille, une ambition particulière qui cherche à prévaloir à la fois sur le vœu et l'intérêt général. Car outre que la loi salique est devenue loi de l'État en Espagne depuis l'avènement de la race de Louis XIV dans la personne du duc d'Anjou, il faut ajouter que si cette loi n'existait pas, il faudrait l'établir, parce qu'elle est merveilleuse pour empêcher les monarchies formées de se dissoudre et de se démembrer. En Espagne comme partout ailleurs, l'usurpation a pour appui le parti révolutionnaire, et pour arme l'intrigue. Don Carlos a pour lui la justice de sa cause, la nation et le temps.

Ce petit écrit était terminé lorsque nous avons reçu une copie authentique des deux lettres que l'infant don Carlos a écrites à son frère pour lui notifier son refus de reconnaître l'infante Isabel, comme princesse des Asturies. Je m'empresse de transcrire ici deux documents d'une si haute importance, dans lesquels Don Carlos a su allier ses devoirs politiques avec ses devoirs de famille, et où il s'est montré à la fois sous un si beau jour comme prince et comme frère.

Don Carlos a dignement répondu à notre attente; il vient de prouver à l'Europe qu'il ne se considère que comme le premier sujet de son frère, mais que par cela même qu'il s'incline avec vénération devant le droit qui réside en lui, il mettra autant d'énergie à défendre ce droit si la mort de son frère sans rejeton mâle, le fait passer sur sa tête. Don Carlos soutient la royauté dans son principe en contestant au détenteur viager de la couronne, le droit d'en modifier la transmission.

Voici la copie de cette pièce qui a déjà été publiée dans les journaux étrangers de toutes les nuances, et qui a excité une si vive sensation.

Mon très-cher frère, etc.

Ce matin, à dix heures, mon secrétaire Plazaola

est venu me dire que Cordova, ton ministre à cette cour, désirait savoir quand il me conviendrait de recevoir communication d'un ordre royal. Je lui ai fait répondre que midi serait pour cela l'heure la plus propre. Il est revenu quelques minutes avant une heure, et je l'ai reçu sur-le-champ. Il m'a présenté ce document officiel que j'ai lu, après quoi je lui ai dit que ma dignité et mon caractère ne me permettaient de répondre que directement ; que tu étais mon roi et mon seigneur, et en outre mon frère, un frère bien-aimé que j'ai eu le bonheur d'accompagner dans toutes ses disgrâces.

Tu désires savoir si j'ai l'intention ou non de prêter serment de fidélité à ta fille, comme princesse des Asturies. Je n'ai pas besoin de dire combien je désirerais prêter ce serment : tu me connais ; tu sais que mes paroles partent du fond de mon cœur. Rien ne me serait plus agréable que d'être le premier à reconnaître ta fille et à t'épargner tous les chagrins et tous les embarras que mon refus pourrait t'occasioner. Mais ma conscience et mon honneur ne me le permettent pas. Je possède des droits si sacrés que je ne saurais m'en dépouiller, des droits que Dieu m'a donnés quand il lui a plu de me faire entrer dans la vie, et que Dieu seul peut m'ôter en te donnant un fils, ce que je désire peut-être plus que tu ne le désires toi-même. D'ailleurs je défends en ceci les droits de tous ceux qui sont appelés après moi ; c'est pourquoi je me crois obligé de te transmettre la déclaration ci-jointe, que je t'adresse de la manière la plus solennelle, à toi et à tous les souverains à qui j'espère que tù la communiqueras.

Adieu, mon cher frère; tu ne dois pas douter que je te serai toujours dévoué, et que ton bonheur sera toujours l'objet de ton affectionné frère.

Signé CARLOS.

DÉCLARATION.

Moi, Carlos-Maria-Isidor de Borbon, et Borbon, infant d'Espagne, bien convaincu des droits légitimes que je possède à la couronne d'Espagne si je survis à Votre Majesté, et qu'elle ne laisse point d'héritier mâle, je dis que ma conscience et mon honneur ne me permettent pas de jurer ou de reconnaître d'autres droits que ceux-là.

Au seigneur notre roi,

Son affectionné frère et fidèle vassal,

Signé L'INFANT DON CARLOS DE BORBON Y BORBON.

Au Palais de Ramalhao, le 29 avril 1833.

On nous saura gré de transcrire ici un autre document non moins important, et qui a déjà été publié dans plusieurs journaux; c'est une série de réponses faites par les plus célèbres universités d'Espagne, de Portugal et d'Italie, à la consultation qui leur avait été demandée au nom de Son Altesse Royale l'infant don Carlos.

1re *Question.* Le roi d'Espagne peut-il, usant de sa souveraineté, déroger à la loi fondamentale de la succession à la couronne?

Réponse. Il ne le peut pas.

2e *Question.* Que faut-il avoir présent à l'esprit en y dérogeant?

Réponse. La volonté des fondateurs de la monarchie.

3e *Question.* Est-il nécessaire de consulter le peuple pour cette dérogation?

Réponse. Non; mais seulement les propriétaires qui sont les représentants des premiers habitants, lesquels ont défriché les terrains incultes et les ont cultivés pour l'avantage de leurs descendants, qui sont les seuls qui possèdent le droit de représentation à côté du souverain.

4e *Question.* Comment cette représentation s'exécute-t-elle?

Réponse. Par la réunion légale, c'est-à-dire la convocation en diète ou cortès, faite par le premier des propriétaires, qui est le souverain.

5e *Question.* De quels éléments se composent les cortès d'Espagne?

Réponse. Du clergé et de la noblesse, qui étaient les premières branches qui formaient les cortès au temps de la monarchie des Goths, ainsi que des représentans de quelques villes par concession ou privilége des rois accordé depuis la restauration de la couronne de Castille dans le XIIe siècle.

6ᵉ *Question.* De quoi se compose cette représentation espagnole ?

Réponse. Des prélats, abbés et procureurs des églises et cathédrales qui représentent tout le clergé ; des grands et *ricos hombros*, qui représentent la noblesse ; des procureurs des cités et bourgs, ayant voix aux cortès, élus au scrutin parmi les membres des *ayuntamientos* (municipalités).

7ᵉ *Question.* Peut-on donner le nom de cortès espagnoles à des assemblées qui ne se composeraient pas de ces trois éléments ou états du royaume ?

Réponse. Non, certes, puisqu'ils existent depuis la fondation du royaume.

8ᵉ *Question.* Le roi et les cortès peuvent-ils priver quelqu'un de sa propriété ou de son droit ?

Réponse. Non, certes ; car le droit, une fois acquis, dure autant que la chose sur laquelle il s'exerce, et il n'y a aucune autorité sur la terre qui puisse priver une personne de son droit, à moins qu'elle ne se soit rendue indigne d'en jouir.

9ᵉ *Question.* Dans le cas où il serait possible que des cortès légalement convoquées pussent révoquer la loi de succession à la couronne ou y déroger, cette dérogation pourrait-elle porter atteinte aux droits des personnes nées avant qu'elle n'eût été faite ?

Réponse. Non ; parce qu'aucune loi ne peut avoir d'effet rétroactif, et que, par conséquent, elle ne peut obliger que ceux qui naissent après sa publication. C'est pour cela que les cortès, assemblées du temps du roi don Sanche IV, le déclarèrent légitime successeur de don Alphonse X, le Sage, parce que le code dit de *las siete partidas*, compilé sous le règne d'Alphonse, ne l'avait été qu'après la naissance de don Sanche, et ne fut même publié que près d'un siècle plus tard, sous le règne de don Alphonse XI. A cette occasion, les cortès déclarèrent qu'il ne fallait point préférer les fils du fils aîné défunt, comme le voulait don Alphonse X; mais le frère de ce fils aîné, comme étant plus près du trône : maxime qui fut suivie à l'égard de don Sanche IV.

10e *Question.* D'après ce principe, l'infant don Carlos étant né avant la tenue des cortès de 1789, on n'a donc pas pu le priver de son droit au trône après la mort du seigneur don Ferdinand VII (que Dieu conserve) ?

Réponse. Cela est évident ; car quand même ces cortès eussent été légales (et elles ne le furent pas d'après les principes posés ci-dessus), les décrets faits par elles ne pourraient avoir d'effet que pour l'avenir.

11e *Question.* D'après cela le souverain actuel ne pourrait donc pas faire prêter serment à sa fille aînée comme princesse des Asturies ?

Réponse. Cela est évident : il ne le pourrait ni en droit ni en conscience : les cortès ne pourraient pas

non plus le permettre, parce que ce serait une usurpation semblable à celle de Buonaparte en 1808,
usurpation qui entraînerait la Péninsule dans la
guerre à la fois civile et étrangère, puisque les puis-
sances du Nord ne verraient pas avec indifférence
un acte scandaleux qui renverserait les droits fon-
dés sur le traité d'Utrecht.

12e *Question.* Le seigneur infant pourrait-il, sans
manquer à sa conscience, ne pas défendre son droit
reconnu ?

Réponse. Il ne le pourrait pas. Il doit le défendre, non seulement pour ne pas faire tort à ses fils,
mais encore pour l'avantage du royaume, qui fonde
sur ses vertus chrétiennes (dont il a donné tant de
preuves publiques, surtout lors des premières diffi-
cultés avec sa belle-sœur), l'espérance d'une restauration complète qui le retire de l'abîme où l'ont
plongé les athées qui ont circonvenu le roi, qui le
tiennent en charte privée et l'empêchent de s'oc-
cuper du gouvernement de cette nation, qui a fait
de si grands sacrifices pour le délivrer.

13e *Question.* Que devront faire les Espagnols si
l'on cherche à priver le seigneur infant de son droit
à la couronne ?

Réponse. Il faut qu'ils se placent à ses côtés pour
le défendre et pour tirer le roi de la sujétion dans
laquelle le tiennent les ennemis de la religion et de
l'Espagne, qui tous gouvernent comme agents
payés par la France et l'Angleterre, et qui répan-

dent partout de l'or pour faire réussir leurs trames iniques et achever notre ruine totale.

14ᵉ *Question*. Et si le gouvernement ordonne de jurer la reconnaissance de la fille aînée?

Réponse. Le gouvernement ne peut enlever le droit à personne, et les sujets ne sont pas obligés de prêter un serment inique.

15ᵉ *Question*. Et si on emploie la force pour l'obtenir?

Réponse. Le serment forcé ne produit point d'obligation dans le for intérieur de la conscience; et dans le for extérieur, seulement tant que la force dure.

Pour copie conforme, le 30 avril 1833.

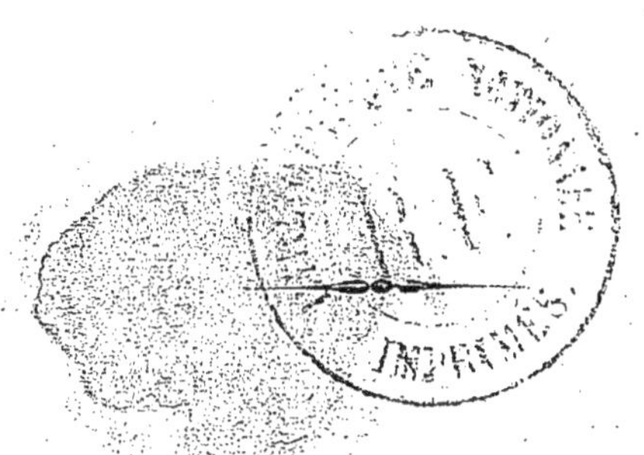

www.ingramcontent.com/pod-product-compliance
Lightning Source LLC
Chambersburg PA
CBHW061712060726
47597CB00006B/2323